Zum Buch

Die Katze ist des Menschen allerliebstes Haustier. Auch wenn sie durchaus eigensinnig, gefräßig und unbarmherzig sein kann. Aber genau das macht sie ja so unwiderstehlich. Denn wenn sie uns ihre Zuneigung zeigt, ist dies das größte Geschenk für jeden Katzenfreund. Und falls sie das tatsächlich nur tut, um uns etwas zu entlocken – na und? In 86 kommentierten Illustrationen beleuchten Adrian Searle und Oliver Ninnis Situationen aus dem Katzenalltag, die jedem Katzenhalter nur allzu vertraut sind. Doch er wird sich wundern, wenn er erfährt, was seine Katze dabei wirklich denkt.

Zum Autor / Zum Illustrator

Adrian Searles Liebe zu Katzen begann im zarten Kindheitsalter, als ein Kitten in seinen Lieblingscowboyhut kotzte. Momentan zählen der schwarze Kater Behemoth, kurz Moth, und die grau getigerte Katze Mia zu seiner Familie, neben fünf ebenfalls grau getigerten Kätzchen. Moth ist jedoch nicht der Vater. Ein Umstand, den er mit Fassung trägt. Moth, nicht Adrian. Der kümmert sich hingebungsvoll um den Nachwuchs. Und schreibt nebenbei Bücher, arbeitet für Zeitschriften und gibt Anthologien heraus.

Oliver Ninnis hat in Edinburgh Kunst studiert und lebt heute in Saus und Braus in London. Er fährt einen Sportwagen und arbeitet in einem Pub in Hammersmith als freier Illustrator und Cartoonist.

Adrian Searle – Oliver Ninnis

Eine Katze muss tun, was eine Katze tun muss

Die kleine Katzologie

Aus dem Englischen von Leena Flegler

WILHELM HEYNE VERLAG
MÜNCHEN

Die Originalausgabe erschien unter dem Titel
Catology – Inside The Twisted Mind Of Our Feline Friends
bei Freight Books, Glasgow

Sollte diese Publikation Links auf Webseiten Dritter enthalten, so übernehmen wir für deren Inhalte keine Haftung, da wir uns diese nicht zu eigen machen, sondern lediglich auf deren Stand zum Zeitpunkt der Erstveröffentlichung verweisen.

Unter www.heyne-encore.de finden Sie das komplette Encore-Programm.

Weitere News unter www.heyne-encore.de/facebook

MIX
Papier aus verantwor-
tungsvollen Quellen
FSC® C084279

Verlagsgruppe Random House FSC® N001967

2. Auflage
Copyright © 2016 by Adrian Searle and Oliver Ninnis
Copyright © 2018 der deutschsprachigen Ausgabe by
Wilhelm Heyne Verlag, München in der Verlagsgruppe Random House GmbH,
Neumarkter Str. 28, 81673 München
Umschlaggestaltung: Johannes Wiebel / punchdesign, München,
unter Verwendung einer Illustration von © Oliver Ninnis
Satz: Satzwerk Huber, Germering
Druck und Bindung: Print Consult, München
Printed in Slovakia

ISBN: 978-3-453-27150-0

www.heyne-encore.de

Für Moth und Mia

Einleitung

Katzen stehen bei Leuten, die keine Katzenfreunde sind, nicht im allerbesten Ruf. Ihnen wird nachgesagt, sie seien egoistisch, manipulativ und wankelmütig. Man könne ihnen nicht trauen, und sie täten nichts, sofern dabei nicht irgendetwas für sie herausspränge. Ihre Raubtiermentalität grenze überdies an Soziopathie.

Katzenfreunde denken da überwiegend anders. Sie sehen einen pelzigen vierbeinigen Gefährten, der ihnen Liebe schenkt, und zwar nicht aufgrund eines hündisch-sklavischen Instinkts, das Alphatier im Rudel anzuhimmeln, sondern weil die Katze es ganz ehrlich meint. Während Hund-Herrchen-Beziehungen eher denen des Dieners gegenüber seinem Gebieter ähneln, befinden sich Mensch und Katze – aus der Sicht des Menschen wohlgemerkt – auf Augenhöhe.

In diesem Buch bedienen sich die Katzenexperten Adrian Searle und Oliver Ninnis der jüngsten Erkenntnisse aus der felinen Verhaltensforschung, um Einblicke in die Denkweise unserer Samtpfötchen zu gewähren. Die schlechte Nachricht: Katzen sind tatsächlich die korrupten, egomanischen, skrupellosen und zutiefst unbarmherzigen Hausbesetzer, als die sie gelten, und zwar von der Schnurrhaar- bis zur Schwanzspitze.

Trotzdem werden Katzenbesitzer jederzeit gern bestätigen, dass sie ihre Tiere genau deswegen lieben. Denn seien wir ehrlich: Wenn sie uns ihre Zuneigung schenken, dann muss das doch etwas bedeuten. Und wenn es tatsächlich so wäre, dass sie es nur deshalb täten, um uns im Gegenzug irgendwas zu entlocken – na und?

Die hier folgenden Cartoons schenken Ihnen tiefere Einsichten in die Beweggründe Ihrer vierbeinigen Freunde als jede staubtrockene Studie. Was sie Ihnen hinsichtlich der wahren Katzologie Ihres Gefährten eröffnen, wird Sie hoffentlich nicht allzu sehr schockieren. Zumindest wissen Sie dann endlich, woran Sie sind. Und Sie ahnen bestimmt ohnehin, dass Sie es nicht persönlich nehmen dürfen – weil es für Ihre Katze auch nichts Persönliches ist. So ist sie einfach, und all das tut sie nun mal. Und sie gibt übrigens nicht das mickrigste Leckerli darauf, was Sie oder andere davon halten.

Wenn du jetzt stirbst, mach ich mich zuerst über deine Nase her.

Wenn ich rollig bin, kann ich singen wie Adele.

Würdest du bitte stillhalten … für, hmm, ungefähr eine Woche?

Ich bin ein YouTube-Star, nur der Sprung auf die große Leinwand gelingt mir nicht.

Lieber in Streifen oder gewürfelt?

Ich hab eine Maus getötet, und ich glaub, ich mag das.

Angeblich sind einzelne Gardinenbahnen viel schicker als Vorhänge.

Wusstest du, dass wir Solarzellen auf dem Bauch haben?

Was hältst du eigentlich von Folter?
Ich finde sie ja zwingend erforderlich.

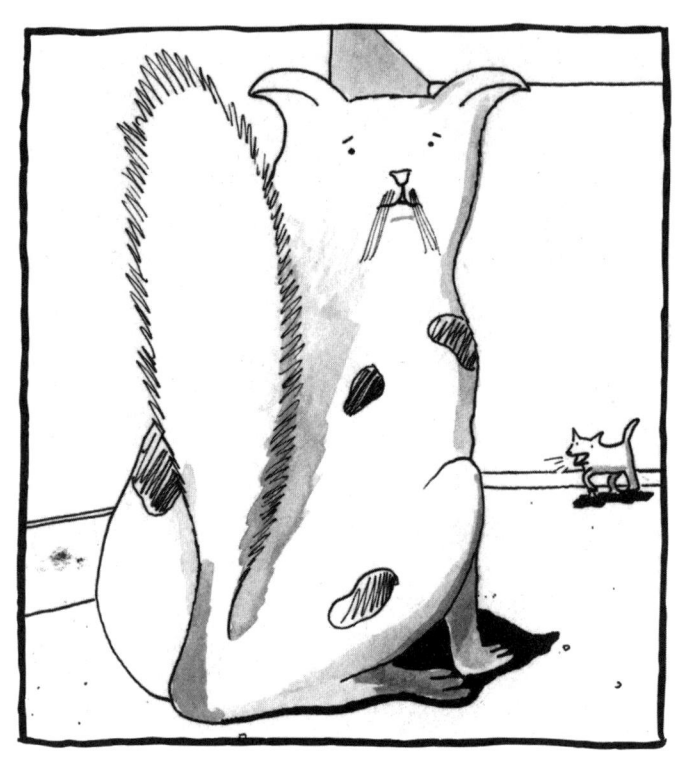

Oh Gott, wie peinlich, dass mir das immer wieder passiert.

Ich weiß, du schläfst, aber gerade jetzt ist der perfekte Moment für die transzendentale Erfahrung meiner Kehrseite in deinem Gesicht.

Augen und Leber wären toll.

Du nennst es Baum. Ich nenne es Notausgang.

*Schon mal darüber nachgedacht, dass meine Anhänglichkeit proportional
zu meinem Hunger wächst?*

Mit Flöhen ist man nie allein.

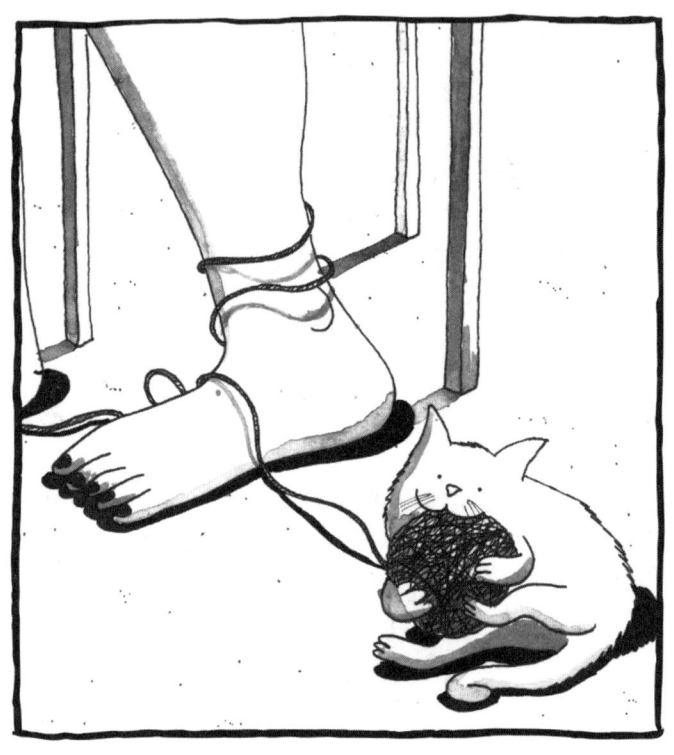

Wenn ich dich jetzt ordentlich einwickele,
könnte ich vielleicht ein Lösegeld fordern.

Noch nie jemanden getroffen, den ich nicht umbringen wollte.

Da hat jemand als Katzenjunges wohl nicht genug Zunge bekommen.

Klar ist die Alte verrückt, aber glaubst du allen Ernstes,
wir würden bleiben, wenn sie uns nicht fünfmal am Tag fütterte?

Ich weiß ehrlich gesagt nicht, ob das die Vorspeise, der Hauptgang oder das Unterhaltungsprogramm ist.

Welcher Vogel?

*In Sachen Hygiene bin ich pingelig – ich kacke nur
in anderer Leute Gärten.*

Leg ich mich jetzt hin oder spring ich?
Na, Mistkerl, ist heute dein Glückstag?

Ich stecke hier nicht fest, ich sitze hier nur,
um verächtlich auf dich hinabzublicken.

Von wegen Katzenwäsche. Das Wichtigste in meinem Leben
will gehegt und gepflegt werden.

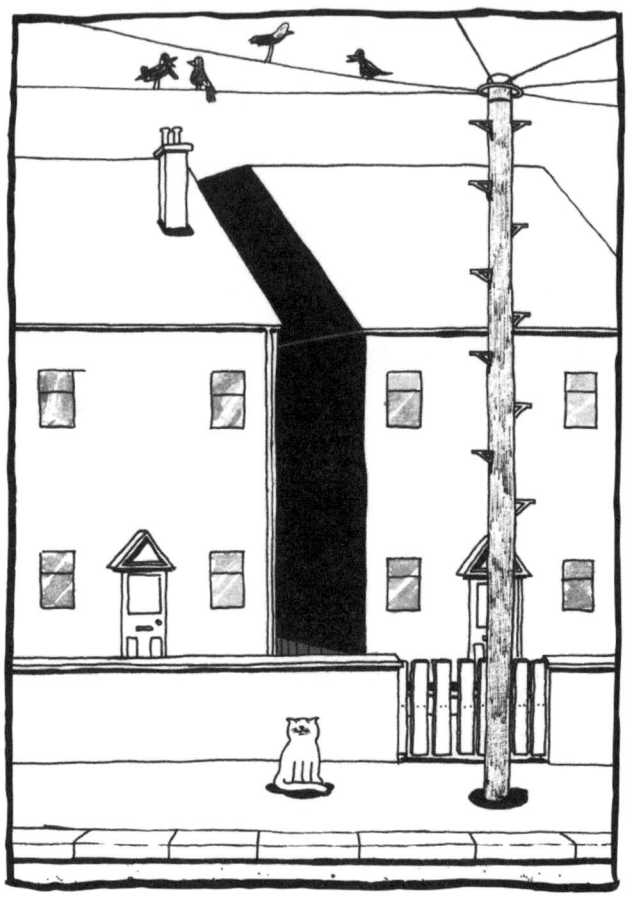

*Ist es nicht grässlich, wenn im Laden das Essen so weit oben steht,
dass man nicht drankommt?*

Ich bin halb Katze, halb Venusfliegenfalle.
Berühr mich am Bauch und schau, was passiert.

Wir wissen alle genau, wie das hier enden wird,
und es ist definitiv deine Schuld, nicht meine.

Warum schenkst du mir nie das, was ich mir wünsche?
Zum Beispiel was Kleines, Pelziges mit Puls.

Ich hab mehr Morde begangen als Hannibal Lecter,
aber weil Gott wollte, dass ich niedlich bin, krieg ich zwei Mahlzeiten
am Tag und darf in deinem Bett schlafen.

In der Katzenwelt kommt das Hervorwürgen eines siffigen Haarballens einem rechtlich bindenden Vertrag gleich, demzufolge dein Haus jetzt mir gehört.

*Warte nicht auf mich. Ich bin draußen, um den einen
oder anderen mundtot zu machen.*

Sieben Leben, und eins davon muss ich mit dir verbringen!

Wie gut, dass sie so niedlich sind, andernfalls würde ich sie mal kosten.

Himmel, diese Schlafstörungen machen mir wirklich zu schaffen.
Gestern hab ich bloß vierzehn Stunden Schlaf gekriegt.

Krallen sollten nicht nur scharf, sondern auch hochgiftig sein, nicht wahr?

Das hast du einfach fabelhaft hingekriegt!

Mein Frauchen will sich wohl ein Beispiel an mir nehmen.
Was sie neuerdings hat, nennt sich Narkolepsie.

Ich springe nur deshalb in offene Kartons, weil ich inständig
(und vergeblich) hoffe, dass du mich irgendwo hinbringst,
wo es spannender ist als in dieser Absteige.

Ach, weißt du, ich bin nur neugierig.

Hmm, irgendwas ist hier doch faul.

Ich sitz dauernd vor dem Bildschirm, sagt mein Frauchen.

Es gibt zwei Arten von Katzen: diejenigen,
die durch jede Katzenklappe schlüpfen, und alle anderen.

Grinsekatze? Nie gehört.

Es gibt da dieses Katzenklo in Malibu, dann das oberhalb der Spanischen Treppe in Rom, und ich denk gerade über eins in Knightsbridge nach, aber diese Russisch Blauen treiben dort die Preise so hoch.

Social Media in allen Ehren, aber dieses Flügelschlagen und Gezwitscher
macht mich wahnsinnig.

Ich hab mich nicht verirrt. Ich hatte ihren Anblick einfach satt.

Mit YouTube hat damals alles angefangen. Du weißt schon, ein bisschen Katzenminze, um in Stimmung zu kommen, bevor der Dreh losging.

Wie ein hübscher junger Kerl wie ich bei so einer reichen alten Dame enden konnte? Vollidiot!

Die weibliche Katze heißt »Königin«.
Ihre Besitzerin nennt sich »Dosenöffner«.

Wo hast du die Fellfäustlinge hingelegt, verdammt?

Dieses andauernde, ständige Bedürfnis, mich zu putzen –
dem Internet zufolge hab ich eine Zwangsstörung!

Ich will Fisch. Es ist Freitag, und ich bin katholisch.

*Ehrlich, sie sind SO schmutzig! Sie lecken sich nicht mal
den eigenen Hintern sauber!*

Dieses Geschenk zu besorgen war wirklich nicht leicht.
Das Mindeste wäre jetzt doch wohl, dass du einmal kostest.

Du warst volle 36 Stunden weg. Futterautomat hin oder her. Wenn du jetzt glaubst, ich würd mich freuen, denk noch mal scharf nach.

Gott erschuf den Hund zu unserem grausamen Vergnügen.

Waxen oder bleichen?

Ich weiß schon, dass du Namen magst wie Puschel oder Flöckchen,
aber ich fänd »Die, die eiskalt Vergeltung übt« ganz nett.

*Irgendwie ähnelt mein Glöckchen doch diesen Sirenen an
Sturzkampfbombern. Es verbreitet Angst und Schrecken
unter meinen Opfern.*

Du nennst es egoistisch? Mein Therapeut sagt,
dass ich einfach nur auf meine Bedürfnisse achte.

Bin das nur ich, oder hörst du dieses Pfeifen auch?

Warum ich hier drin sitze? Ich demonstriere gegen die Kätzchen-Kommerzialisierung im Internet.

Und urplötzlich kann ich dem Drang, das Regal zu erforschen, schier nicht widerstehen.

Oh, wie schön! Echtes Street Food!

Klar ist das mein Haus. Warum sonst hätten sie mir ein eigenes Türchen
einbauen sollen?

Hör mal, es ist wirklich simpel. Du gibst mir Futter und Wärme. Im Gegenzug gebe ich deinem langweiligen, wertlosen Leben einen Sinn.

Mein Name ist Mini, und ich bin laserpointersüchtig.

Und wie wir hier sehen, entwickelt sich die Behaglichkeit eines Ortes umgekehrt proportional zu seiner Praktikabilität für den Menschen ...

Du hättest Zwölf- und nicht Acht-Millimeter-Schrauben nehmen sollen. Und Dübel hast du auch vergessen. Wenn du glaubst, dass ich da hochspringe, hast du dich geschnitten.

Was ist daran nicht zu begreifen?
Du verreist übers Wochenende, ich piss dir ins Bett.

Im Katzenyoga ist das hier der Zugluftdackel.

Das Personal in diesem Restaurant ist wirklich unaufmerksam.
Entschuldigung, wer ist denn hier zuständig? Ich hätte gern diesen da!

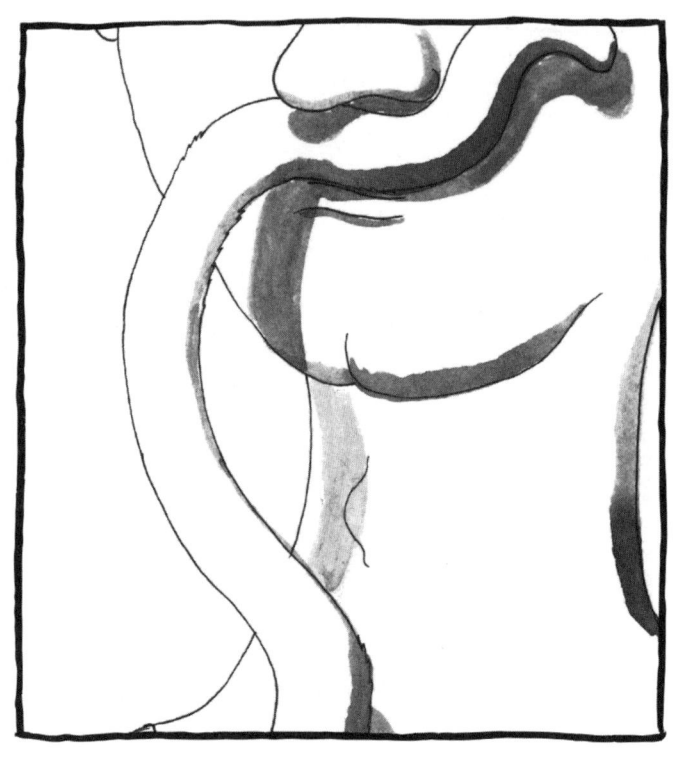

Angeblich wertet ein Pelzschnurrbart zur Halbzeit jede
»Game of Thrones«-Folge enorm auf.

Ich arbeite gerade an einem riesigen Haarballen, den ich in die Schuhe deines Lovers kotze, wenn er das nächste Mal hier übernachtet.

Irgendwie sah es aus wie eine Leiter.

Wenn du deine Zelle nicht länger ertragen kannst und dem Ganzen ein Ende setzen willst, ruf mich an. Ich arbeite für Flieger–Dignitas.

Dir würde auch angst und bange werden, wenn du rausfändest,
dass sie einen Kurs in Tierpräparation belegt hat.

Heiß meine neue Freundin willkommen – die Toxoplasmose.

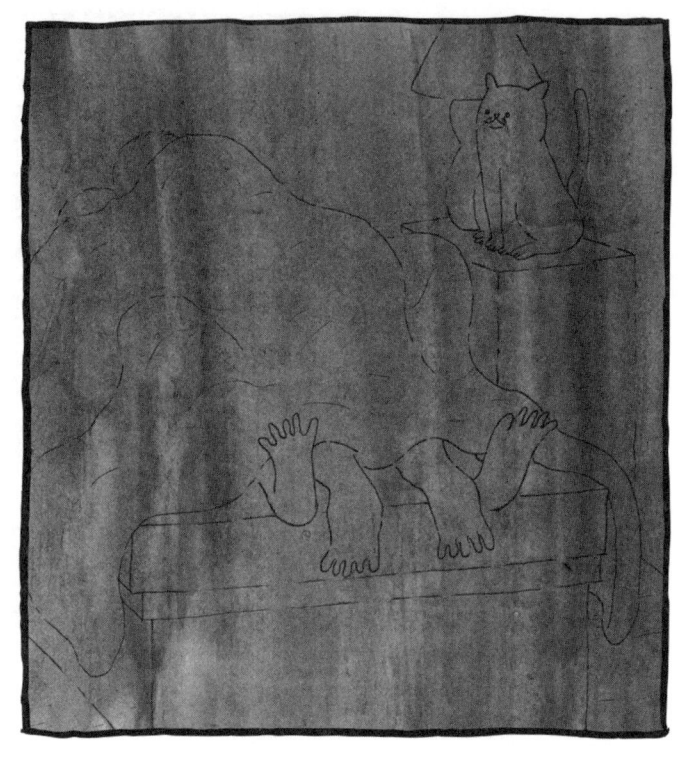

Im Dunkeln sehen zu können hat auch Nachteile.

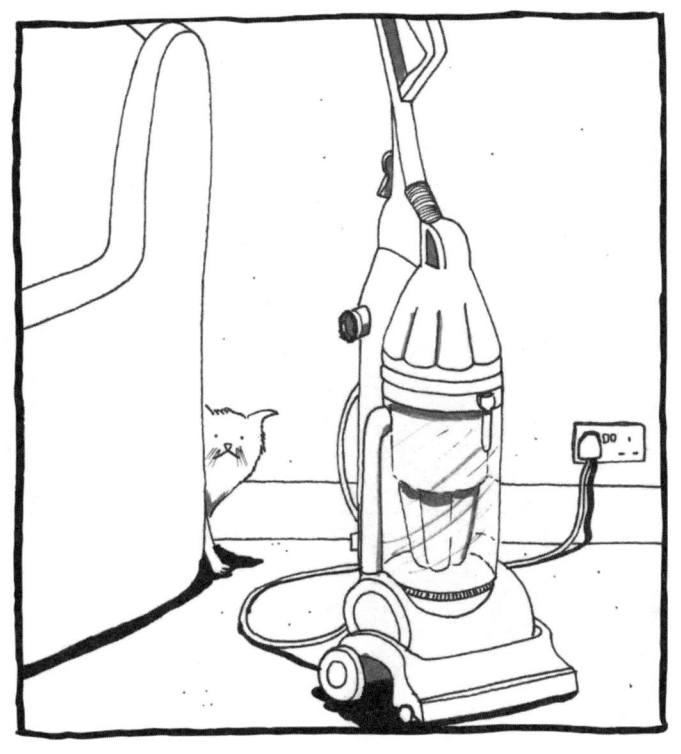

Der Teufel ist unter uns, und sein Name ist Dyson.

Heutzutage ist das Leben echt langweilig.
Meine frühere Besitzerin hat mich noch auf dem Besen mitgenommen.

An deiner Stelle würde ich die Tür offen lassen – ich will in fünf Sekunden wieder raus und zehn Sekunden später dann wieder rein.

Wie heißt es so schön: Vögel, die am Morgen singen,
frisst abends die Katz.

Sie krabbelt. Ich fress ein Bein. Sie krabbelt weiter. Ich fress noch ein Bein. Das kann gern noch stundenlang so weitergehen.

Mist. Die Weltherrschaft muss noch ein bisschen warten.

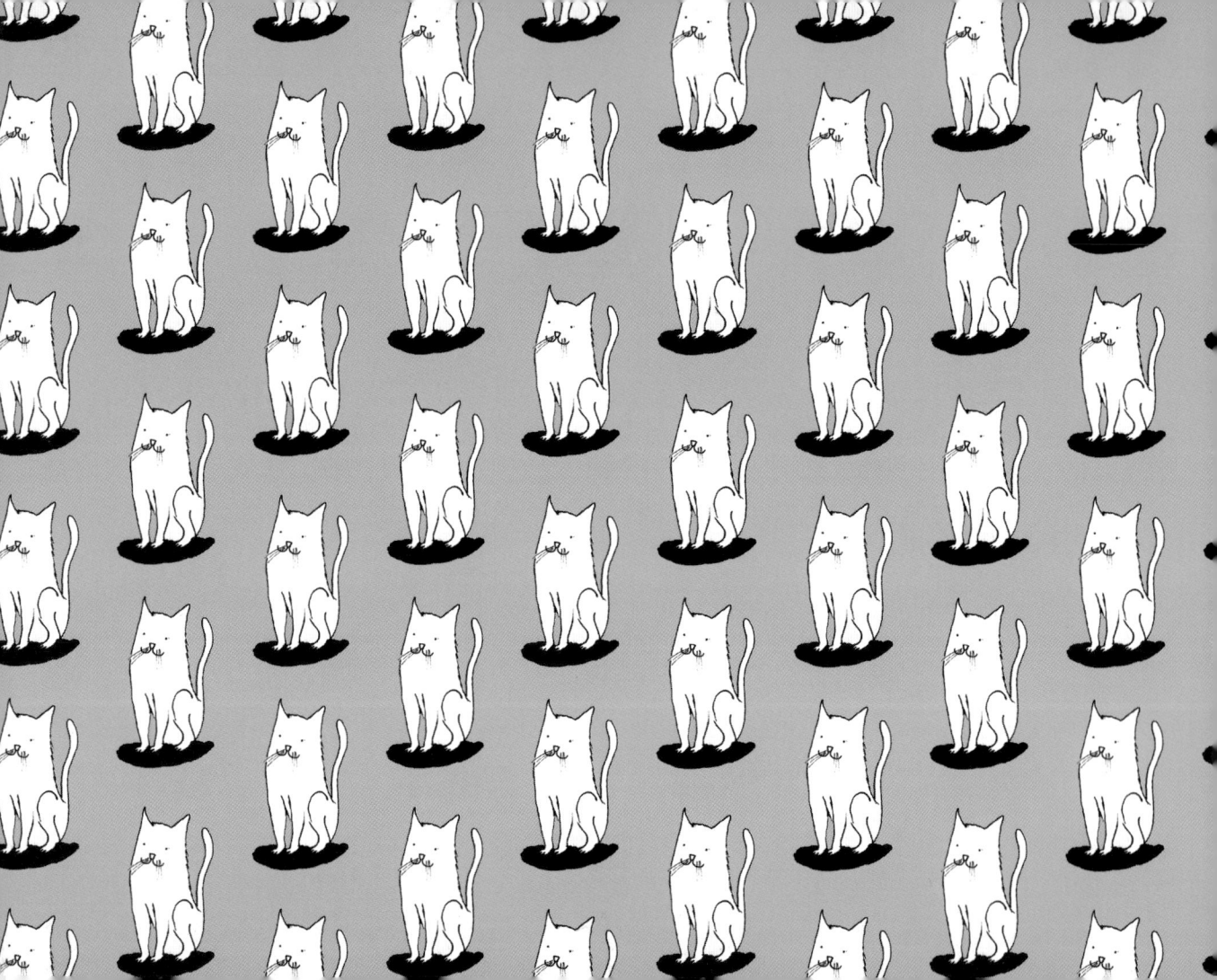